최고의 선물

O DOM SUPREMO
by Paulo Coelho
Copyright © 1991 by Paulo Coelho
Korean edition copyright © Kyobo Book Centre, 2025

This edition was published by arrangements with Sant Jordi Asociados Agencia Literaria S.L.U., Barcelona, Spain through Shinwon Agency Co., Ltd. All Rights Reserved.
Additionally, Publisher shall include the address of Paulo Coelho's homepage, www.paulocoelho.com

이 책의 한국어판 저작권은 ㈜신원에이전시를 통한 독점 계약으로 교보문고에 있습니다.
저작권법에 의하여 한국 내에서 보호를 받는 저작물이므로 무단전재와 무단복제를 금합니다.

#　PAULO COELHO

최고의 선물

파울로 코엘료

최정수 옮김

The Supreme Gift

흰 튤립 용서 | 분홍 튤립 사랑, 배려 | 히아신스 영원한 사랑, 차분한 사랑
프리지어 순수함 | 캐머마일 강인함, 평화

오, 죄 없이 잉태하신 성모마리아여.
당신께 의탁하는 우리를 위해 빌어주소서. 아멘.

—

이 여자를 보느냐.
내가 네 집에 들어올 때 너는 내게 발 씻을 물도 주지 아니하였으되
이 여자는 눈물로 내 발을 적시고 그 머리털로 닦았으며,
너는 내게 입맞추지 아니하였으되
그는 내가 들어올 때로부터 내 발에 입맞추기를 그치지 아니하였으며,
너는 내 머리에 감람유도 붓지 아니하였으되
그는 향유를 내 발에 부었느니라.
이러므로 내가 네게 말하노니 그의 많은 죄가 사하여졌도다.
이는 그의 사랑함이 많음이라.
사함을 받은 일이 적은 자는 적게 사랑하느니라.

누가복음 7장 44~47절

일러두기
- 이 글은 헨리 드러먼드의 저서 『세상에서 가장 위대한 것』에서 영감을 받아 새롭게 쓰여진 에세이다.
- 본문에 인용된 성경 구절은 '개역개정판'을 기준으로 하되, 가독성을 위해 일부 문구를 수정했다.

19세기 말 쌀쌀한 봄날 오후, 영국의 다양한 지역에서 온 사람들이 당대의 유명한 설교자의 설교를 들으려고 영국 남부 켄트주의 어느 정원에 모였다. 그들은 그 설교자가 무슨 말을 할지 무척 듣고 싶어 했다.

그러나 그 설교자는 지난 8개월 동안 전 세계 여러 나라를 돌아다니며 복음을 전하고 고된 사역에 헌신하느라, 진이 완전히 빠지고 텅 비어버린 기분이었다. 그는 그 자리에 모인 소규모의 청중을 한번 바라본 뒤 몇 마디 말을 해보았지만 결국 포기했다. 그날 오후, 성령이 그에게 임하지 않았던 것이다.

슬픔에 빠진 그는 어떻게 하면 좋을지 모른 채, 그 자리에 참석한 다른 선교사를 돌아보았다. 그 젊은 선교사는 최근 아프리카에서 돌아왔으니 사람들에게 들려줄 흥미로운 이야기가 있을 것 같았다. 그래서 그 선교사에게 자기 대신 설교해달라고 부탁했다.

정원에 모인 사람들은 조금 실망했다. 그들은 그 젊은 선교사가 누구인지 알지 못했다. 사실 그는 진짜 선교사도 아니었다. 심지어 진정 자신이 감당할 소명이 맞는지 의심이 들어 목사 안수를 받지 않기로 결심까지 한 사람이었다.

그는 자기 자신을 찾고 세상에서 살아갈 이유를 발견하기 위해, 다른 사람들이 이상(理想)을 추구하는 모습에서 영감을 받아 아프리카의 깊은 오지에 가서 2년을 보내고 돌아온 참이었다.

정원에 모인 청중은 설교자가 바뀐 상황에 전혀 만족하지 못했다. 그들은 지혜롭고 명망 높고 경험 많은 설교자의 설교를 듣기 위해 이곳에 왔는데, 기대와는 달리 그들처럼 자기 자신을 찾기 위해 분투 중인 젊은이의 설교를 듣게 되었으니 말이다.

하지만 헨리 드러먼드—이것이 그 젊은 선교사의 이름이었다—는 귀한 진리를 깨달은 사람이었다.

그가 누군가에게 성경책을 빌려달라고 요청한 뒤, 바울

목련 숭고함, 사랑 | **황매화** 기다림, 사랑, 고귀함 | **유칼립투스** 추억, 사랑

이 고린도인들에게 보낸 편지 중 한 구절을 소리 내어 읽었다.

내가 사람의 방언과 천사의 말을 할지라도 사랑이 없으면 소리 나는 구리와 울리는 꽹과리가 되고, 내가 예언하는 능력이 있어 모든 비밀과 모든 지식을 알고 또 산을 옮길 만한 모든 믿음이 있을지라도 사랑이 없으면 내가 아무것도 아니요, 내가 내게 있는 모든 것으로 구제하고 또 내 몸을 불사르게 내줄지라도 사랑이 없으면 내게 아무 유익이 없느니라.

사랑은 오래 참고 사랑은 온유하며, 시기하지 아니하며 사랑은 자랑하지 아니하며, 교만하지 아니하며 무례히 행하지 아니하며, 자기의 유익을 구하지 아니하며, 성내지 아니하며, 악한 것을 생각하지 아니하며, 불의를 기뻐하지 아니하며, 진리와 함께 기뻐하고, 모든 것을 참으며, 모든 것을 믿으며, 모든 것을 바라며, 모든 것을 견디느니라.

사랑은 언제까지나 스러지지 아니하되, 예언도 폐하고, 방언도 그치고, 지식도 폐하리라. 우리는 부분적으로 알고 부분적으로 예언하니, 온전한 것이 올 때에는 부분적으로 하던 것이 폐하리라. 내가 어렸을 때에는 말하는 것이 어린아이와 같고, 깨닫는 것이 어린아이와 같고, 생각하는 것이 어린아이와 같다가, 장성한 사람이 되어서는 어린아이의 일을 버렸노라. 우리가 지금은 거울로 보는 것같이 희미하나 그때에는 얼굴과 얼굴을 대하여 볼 것이요, 지금은 내가 부분적으로 아나 그때에는 주께서 나를 아신 것같이 내가 온전히 알리라.

그런즉 믿음, 소망, 사랑, 이 세 가지는 항상 있을 것인데, 그중의 제일은 사랑이라.

제비꽃 검은, 사랑 | 흰 국화 진실, 감사 | 물망초 진정한 사랑

경건한 침묵 가운데 모두가 경청했지만 여전히 실망스러웠다. 청중의 대부분이 그 성경 구절을 잘 알았고, 이미 오랫동안 그 구절을 묵상해오고 있었다.

적어도 그 선교사는 좀 더 독특하고 흥미를 끄는 구절을 골라야 했을 것이다.

봉독을 마친 헨리 드러먼드는 성경을 덮고 하늘을 올려다본 뒤 설교를 시작했다.

—

여러분은 인생을 살아가다가 어느 시점에 모든 세대가 하는 똑같은 질문을 해본 적이 있을 겁니다.

'인생에서 가장 중요한 건 무엇일까?' 하는 질문이지요.

우리는 인생의 하루하루를 잘 사용하고 싶어 합니다. 다른 누구도 우리의 인생을 대신 살아줄 수 없기 때문이지요. 그러니 우리의 노력을 어디에 집중해야 할지, 인생에서 가장 큰 목표는 무엇이어야 할지 알 필요가 있겠지요.

우리는 영적 세계에서 가장 큰 보물은 믿음이라는 말을 자주 듣습니다. 수 세기 동안 종교는 이 단순한 단어 하나에 기반을 두어왔지요.

혹시 여러분은 믿음을 세상에서 가장 중요한 것으로 여기고 계십니까? 그렇다면 여러분은 완전히 틀린 겁니다.

우리가 믿음을 가장 중요한 것으로 여긴다면, 차라리 믿는 것을 그만두는 편이 나을 겁니다.

제가 방금 읽은 성경 구절은 우리를 초기 기독교 시대로 데려갑니다. 그리고 우리는 이 말을 익히 들어왔습니다. "믿음, 소망, 사랑, 이 세 가지는 항상 있을 것인데, 그중의 제일은 사랑이라."

이것은 이 글을 쓴 바울이 내린 피상적인 판단이 아닙니다. 사실 그는 이 글의 앞부분에서 믿음에 대해 이야기하고 있습니다. 그는 이렇게 말합니다. "산을 옮길 만한 모든 믿음이 있을지라도 사랑이 없으면 내가 아무것도 아니요."

바울은 이 주제를 피하지 않습니다. 오히려 믿음을 사랑과 비교한 뒤 이렇게 결론짓습니다.

"그중의 제일은 사랑이라."

그가 이렇게 말하기는 무척 어려웠을 겁니다. 우리는 다른 사람을 칭찬할 때 보통 우리 자신의 강점이라고 여기는 부분을 칭찬하는데, 사랑은 바울의 강점이 아니었으니까요. 관찰력이 있는 분이라면 바울이 나이가 들면서 더 관대해지고 마음이 온화해졌다는 걸 알아차리셨을 겁니다. 하지만 "그중의 제일은 사랑이라"라고 쓴 바울의 손은 젊은 시절에는 자주 피로 얼룩졌었지요.

게다가 바울이 고린도 사람들에게 보낸 이 편지가 사랑이 수뭄 보눔,* 즉 최고선이라고 언명하는 유일한 문서는 아닙니다. 사랑이 최고선이라는 데 대해서는 기독교의 주요 저술들이 모두 동의하고 있지요.

---

* summum bonum. 로마의 철학자 키케로가 사용한 라틴어 용어. '최고선'이라는 뜻으로, 윤리적으로 바른길을 추구하면 최선의 행복에 다다른다는 의미를 담고 있다.

베드로는 이렇게 말합니다. "무엇보다도 뜨겁게 서로 사랑할지니, 사랑은 허다한 죄를 덮느니라."

요한은 더 나아가 "하나님은 사랑이심이라"라고 말합니다.

또 우리는 바울의 다른 글에서 "사랑은 율법의 완성이니라"라는 구절을 볼 수 있습니다.

바울은 왜 이런 말을 했을까요? 당시 사람들은 천국에 이르려면 십계명 그리고 율법이 새겨진 돌판에 근거한 다른 수백 가지의 계명을 지켜야 한다고 생각했습니다. 그냥 율법을 이행하기만 하면 되었지요. 율법을 지키는 것이 생명보다 더 중요했습니다.

그래서 그리스도는 이렇게 말씀하셨습니다. "내가 너희에게 간단한 길을 보여주겠노라. 만약 너희가 한 가지를 행하면 생각조차 못 한 사이에 백열 가지를 행하게 될 것이고, 만약 너희가 사랑하면 의식하지 못한 사이에 율법 전체를 성취하게 될 것이다."

우리는 이 조언이 정말 효과가 있는지 스스로 판단할 수 있습니다. 다음의 계명들 중 아무거나 하나 골라보십시오.

"너는 나 외에는 다른 신들을 네게 두지 말라." 이것이 바로 사랑입니다.

"너는 네 하나님 여호와의 이름을 망령되게 부르지 말라." 우리가 사랑하는 사람에 대해 감히 가볍게 말할 수 있을까요?

"안식일을 기억하여 거룩하게 지키라." 우리는 사랑에 헌신하기 위해, 사랑하는 사람을 만날 날을 간절히 기다리지 않습니까? 하나님을 사랑하는 것도 마찬가지일 겁니다.

사랑은 우리에게 하나님의 모든 법을 따를 것을 요구합니다.

사랑하는 사람에게는 부모를 공경해야 한다거나 살인하면 안 된다고 말할 필요가 없습니다. 비슷한 맥락에서, 동료를 사랑하는 사람에게 도둑질을 하면 안 된다고 말하는 건 모욕적인 일일 것입니다. 어떻게 자기가 사랑하는 사람의 것을 도둑질할 수 있겠습니까? 그리고 왜 사랑하는 사람에게 거짓 증언을 하지 말라고 권고합니까? 그는 절대 그런 짓을 하지 않을 겁니다. 그가 이웃의 아내를 절대로 탐낼 수 없는 것처럼 말입니다.

그러니 사랑은 곧 '율법의 완성'입니다.

사랑은 다른 모든 규칙을 포괄하는 규칙입니다.

사랑은 다른 모든 계명을 정당화하는 계명입니다. 사랑은 삶의 비결입니다.

바울은 이것을 깨우쳤고, 방금 제가 읽은 편지를 통해 우리에게 수몸 보눔, 즉 최고선에 대한 가장 훌륭하고 중요한 설명을 해준 것입니다.

바울은 사랑을 당시 매우 가치 높게 여겨지던 다른 자질들과 비교하며 서두를 시작합니다.

그는 사랑을 웅변과 비교합니다. 웅변은 사람들의 마음과 정신을 감동시키고 그들이 의무를 넘어서는 중대하고 신성한 임무나 행위를 수행하도록 격려하는 고귀한 선물이지요.

바울은 위대한 웅변가들에 대해 이렇게 말합니다. "내가 사람의 방언과 천사의 말을 할지라도 사랑이 없으면 소리 나는 구리와 울리는 꽹과리가 되고."

그가 이런 말을 한 이유를 우리 모두 알고 있습니다. 우리는 종종 세상을 획기적으로 바꿀 수 있는 위대한 발상처럼 보이는 것에 대해 듣습니다. 하지만 실상 그런 발상들은 감정이 없고 사랑이 없는 한낱 말일 뿐이지요. 그렇기 때문에 아무리 논리적이고 지적으로 보일지라도 사람들의 마음을 움직이지 못합니다.

또한 바울은 사랑을 예언과 비교합니다. 사랑을 신비한 지식과 비교합니다. 사랑을 믿음과 비교합니다. 사랑을 자선과 비교합니다.

사랑이 믿음보다 더 큰 이유는 무엇일까요?

믿음은 우리를 더 큰 사랑으로 이끄는 길일 뿐이기 때문입니다.

사랑이 자선보다 더 큰 이유는 무엇일까요?

자선은 사랑이 스스로를 드러내는 여러 방식 중 하나일 뿐이기 때문입니다. 전체는 늘 그것의 개별적인 부분들보다 더 위대하지요. 그리고 자선 또한 하나의 길, 사랑이 우리를 우리의 이웃들에게 더 가까이 데려가기 위해 사용하는 많은 길들 중 하나일 뿐입니다.

우리 모두가 알듯이, 사랑에서 나오지 않는 자선 행위도 있습니다. 이를테면 길거리에서 가난한 사람에게 동전을 던져주는 건 너무나 쉬운 일이지요. 사실 그렇게 하는 것이 그러지 않는 것보다 더 쉬울 때가 많습니다.

앵초 사랑, 신뢰 | **클로버** 행복, 사랑

그런 행위는 우리를 가난이라는 잔혹한 광경 앞에서 솟구쳐 오르는 죄책감으로부터 해방해주니까요.

고작 동전 한 닢으로 죄책감을 면할 수 있다니, 얼마나 위안이 되는지요! 우리 입장에서는 값이 싸게 먹히고 거지가 당면한 문제도 해결해줍니다.

하지만 우리가 가난한 사람을 정말로 사랑한다면, 우리는 그를 위해 더 많은 일을 해줄 겁니다.

혹은 덜 해줄 수도 있겠지요. 우리는 그에게 동전 한 닢을 던져주지 않을 것이고, 누가 알겠습니까, 거기서 오는 죄책감이 우리 안에 진짜 사랑을 불러일으킬지도 모릅니다.

바울은 사랑을 희생과 순교와 비교합니다. 앞으로 인류의 선(善)을 위해 일하기를 희망하는 사람들에게 저는 이렇게 말합니다. 내가 내 몸을 불사르도록 내어줄지라도, 사랑이 없으면 아무런 소용이 없습니다!

여러분이 줄 수 있는 가장 소중한 것은 바로 여러분 자신의 삶에 드러나는 사랑입니다. 사랑은 우리로 하여금 중국어나 인도의 방언을 말할 수 있게 해주는 진정하고 유일한 세계어지요. 언젠가 여러분이 그곳에 간다면, 여러분은 사랑의 말 없는 웅변을 통해 모든 사람에게 이해받을 수 있을 것입니다.

한 사람의 믿음은 그 사람이 하는 말이 아니라 그 사람이 삶을 살아가는 방식을 통해 드러납니다.

벚꽃 내면의 아름다움, 정신적 사랑 | **철쭉** 사랑의 즐거움

얼마 전 저는 아프리카의 심장부, 대(大)호수 근처에 있었습니다. 그곳에서 데이비드 리빙스턴*을 애정을 가지고 기억하는 사람들을 만났지요. 리빙스턴은 그들이 만나본 유일한 백인이었습니다. 제가 그의 발자취를 따라 암흑대륙을 가로질러 여행하는 동안, 사람들은 3년 전쯤 그곳을 지나간 그 의사 이야기를 들려주며 얼굴을 환히 빛냈습니다. 그들은 그가 그들에게 무슨 말을 하는지 이해하지 못했지만, 그의 마음속에 자리한 사랑을 뚜렷이 느꼈지요.

그런 사랑을 여러분이 간직한다면, 여러분이 하는 일은 충분히 정당해질 겁니다.

하나님 그리고 영적 세계에 대해 이야기할 때 이보다 더 설득력 있는 주제는 없습니다. 기적, 믿음의 증거, 훌륭한 기도에 대해 이야기하는 건 의미가 없습니다. 여러분이 그 모든 것을 해내더라도, 사랑이 없다면 여러분이 한 모든 노력은 헛될 것입니다.

여러분은 이루려 한 모든 것을 성취하고 어떤 희생이든

---

* David Livingstone(1813~1873). 영국의 의사·선교사·아프리카 탐험가. '암흑대륙의 아버지'로 불렸다.

감수할 준비가 되어 있을지 모르지만, 여러분의 몸을 불사르도록 내어줄지라도 사랑이 없으면 여러분 자신이나 하나님의 대의를 위해 아무것도 성취하지 못할 것입니다.

사랑을 이 모든 것과 비교한 후, 바울은 짧은 세 구절을 통해 이 위대한 선물에 대한 놀라운 분석을 제시합니다.

그는 사랑이 여러 가지 것들로 이루어져 있다고 우리에게 말합니다. 빛처럼 말입니다.

우리는 프리즘에 빛을 통과시키면 그 빛이 일곱 가지 색으로 굴절된다고 학교에서 배웁니다.

무지개색이지요.

그런 다음 바울은 사랑을 그의 지성이라는 프리즘에 통과시켜 다양한 요소들로 나눕니다.

프리즘이 빛의 무지개색을 드러내듯, 그는 사랑의 무지개를 우리에게 보여줍니다.

그 요소들은 무엇일까요? 우리가 매일 듣고 삶의 매 순간에 행할 수 있는 미덕들입니다.

　작고 단순한 미덕들이 사랑이라는 최고의 선물을 구성합니다.

수선화 존경, 순수한 마음 | **민들레** 감사하는 마음, 희망 | **냉이꽃** 나의 모든 것을 바칩니다

델피늄 당신의 행복, 은혜 | **은방울꽃** 행복, 순애, 희망

사랑은 아홉 가지 요소로 이루어져 있습니다.

인내: **사랑은 오래 참습니다.**

온유: **그리고 온유합니다.**

관대: **사랑은 시기하지 않습니다.**

겸손: **자랑하지 않습니다. 교만하지 않습니다.**

예의: **무례히 행하지 않습니다.**

이타: **자기의 유익을 구하지 않습니다.**

좋은 성품: **성내지 않습니다.**

정직: **악한 것을 생각하지 않습니다.**

진실: **불의를 기뻐하지 않으며, 진리와 함께 기뻐합니다.**

인내. 온유. 관대. 겸손. 예의. 이타. 좋은 성품. 정직. 진실. 이 모든 것이 최고의 선물이며, 세상에 살면서 하나님과 가까이 있기를 바라는 모든 사람의 영혼 속에 존재합니다.

이 선물은 우리와 우리가 사는 매일의 삶과 오늘 그리고 내일과 관련이 있습니다. 영원과는 관련이 없지요.

우리는 하나님을 사랑하는 일에 관해 많이 듣습니다.

하지만 그리스도는 우리의 이웃을 사랑하는 것에 관해 말씀하십니다.

우리는 천국에서 평화를 찾습니다.

하지만 그리스도는 지상에서의 평화를 추구하십니다.

우리 인간들은 중요한 질문, 즉 '내 삶을 어떻게 살아가야 할까?'에 대한 답을 찾습니다. 이것은 외부로부터 우리에게 강요된 이상한 질문이 아닙니다.

인류의 모든 문명에서 이 질문이 발견됩니다. 이 물음은 인류와 함께 탄생했고, 이 세상에 영원한 영이 숨 쉬고 있다는 증거이기 때문이지요.

최고의 선물은 이 숨결을 반영합니다. 그것은 그 자체로 선물이 아니라, 평범한 하루하루를 구성하는 말과 행동들이 모여서 만들어지는 선물입니다.

여름의 정원

Summer Garden

사랑은 자신과 타인에게
기쁨을 안겨주는 소중한 선물이다

수국 인내

사랑은 **인내**입니다.

일반적으로 사랑은 이렇게 행동합니다. 언젠가 자신이 드러날 것을 알기에 서두르지 않고 차분히 기다립니다.

적절한 순간에 일할 준비가 되어 있어도, 차분하고 온유하게 기다립니다. 사랑은 인내합니다. 사랑은 모든 것을 견딜 수 있습니다.

사랑은 모든 것을 믿습니다. 모든 것을 바랍니다.

사랑은 이해하기 때문입니다.

온유는 적극적인 사랑입니다. 여러분은 그리스도가 세상에 계실 때 온유한 행동을 하는 데 얼마나 많은 시간을 사용하셨는지, 짧았던 지상에서의 생활 가운데 얼마나 많은 시간을 오직 다른 사람들을 행복하게 만드는 데 쓰셨는지 주목해본 적이 있습니까?

　그분의 삶을 이런 방식으로 바라본다면, 그리스도는 할 일이 많았음에도 이웃을 온유하게 대하기를 결코 잊지 않으셨음을 깨닫게 될 것입니다.

　행복보다 더 큰 것이 하나 있는데, 바로 거룩함입니다. 거룩함은 우리 능력 밖의 것이지만, 우리가 다른 사람들을 행복하게 해주는 것은 가능합니다. 하나님이 그런 능력을 우리에게 주셨고, 우리가 그 능력을 발휘하는 데는 아무런

대가가 필요 없습니다. 잘 생각해보면 그것이 우리에게 그야말로 아무 대가도 요구하지 않는다는 걸 알게 될 것입니다.

그런데 왜 우리는 이웃을 행복하게 하는 데 그토록 주저하는 걸까요? 행복은 포로 상태에서는 커지지 않으며, 남에게 나눠준다고 줄어드는 것도 아닙니다. 오히려 행복을 나누면 우리 몫의 행복이 커집니다. 어떤 사람은 이렇게 말했습니다. "사람이 하나님을 위해 할 수 있는 가장 큰 일은 그분의 다른 자녀들을 온유하게 대하는 것이다."

세상에는 이런 행동이 정말 필요합니다!

그리고 온유하게 행동하는 것은 너무나 쉽습니다. 그 행동의 효과는 즉각적이고, 여러분은 상대방에게 영원히 기억될 것입니다.

그리고 그에 따르는 보상은 풍성합니다. 사랑이 발하는 빛보다 더 영광스러운 빛은 없기 때문이지요. "사랑은 언제까지나 스러지지 않습니다."

사랑은 삶의 진정한 에너지입니다. 브라우닝은 다음과 같이 말했습니다.

삶은 환희와 비애를 모두 가져다준다.

그리고 우리는 희망과 두려움이라는 상(賞)을 통해, 사랑에 대해 배운다.

사랑이 어떻게 존재했고, 존재해왔으며, 존재하는지 말이다.

―

사랑이 있는 곳에 우리가 있고, 하나님도 계십니다.

사랑 안에서 기쁨을 찾는 사람, 인간이라는 존재 안에서 기쁨을 찾는 사람, 하나님 안에서 기쁨을 찾는 사람은 누구든 그렇게 생각하지요.

하나님은 사랑이십니다. 그러니 사랑하십시오!

구별 없이, 계산하지 말고, 미루지 말고, 고통받을까 두려워하지 말고 사랑하십시오!

가난한 사람들에게 아낌없이 사랑을 베푸십시오. 그건 쉬운 일입니다. 다른 사람을 믿지 못하고 자신에게 사랑이 필요하다는 것을 인식하지 못하는 부자에게도, 그리고 여러분과 동등한 사람에게도 사랑을 아낌없이 베푸십시오.

이것은 매우 어려운 일입니다. 우리는 우리와 동등한 사람에게 가장 이기적으로 구니까요. 우리는 종종 다른 사람을 기쁘게 해주려고 하지만, 정말로 해야 하는 일은 실제로 기쁨을 주는 것입니다.

기쁨을 주십시오. 기쁨을 줄 기회를 절대로 놓치지 마십시오. 여러분이 하는 일을 아무도 알지 못하더라도, 여러분은 그 혜택을 가장 먼저 누릴 수 있을 것입니다. 그러면 주위의 세상이 더욱 만족스러워지고, 여러분의 삶이 더 수월해질 겁니다. 스티븐 그를레*가 썼듯이, "나는 이 세상에 딱 한 번 살다 갑니다. 그러니 내가 행할 수 있는 선이나 어떤 사람에게 베풀 수 있는 온유함을 지금 당장 행하십시오. 미루거나 소홀히 하지 마십시오. 나는 이 길을 또다시 지나가지 못할 테니까요."

---

*　Stephen Grellet(1772~1855). 프랑스계 미국인 퀘이커교 선교사.

클레마티스 고결함 | 이고베나무 은화함

무궁화 영원 | **아로니아** 영원한 사랑 | **아이비** 진실한 애정

관대: "사랑은 시기하지 않습니다." 시기는 다른 사람들의 사랑과 경쟁하는 사랑을 의미합니다. 다른 사람들로 하여금 사랑하게 하십시오. 그리고 더 많이 사랑하도록 노력하십시오. 여러분의 역할을 다하고 최선을 다하십시오.

여러분이 선한 일을 하고 싶을 때, 때때로 다른 사람들이 같은 일을 훨씬 더 잘한다는 걸 깨닫게 될 것입니다. 그래도 그들을 시기하지 마십시오.

시기는 나와 같은 분야의 일을 하는 사람들에게 향하며, 일반적으로 그들의 가장 큰 장점을 파괴하려는 의도를 가집니다. 이는 인간의 모든 감정 중 가장 비열한 감정이지요.

시기는 다른 사람들이 하는 일을 망치려고 호시탐탐 기

다립니다. 그들이 그 일을 우리보다 더 잘해도 말입니다.

시기심에서 벗어나는 유일한 방법은 여러분의 에너지를 사랑에 집중하는 것입니다.

우리는 시기하는 대신, 시기하지 않는 크고 부유하고 관대한 영혼을 존중해야 합니다.

거베라 감사, 기쁨 | 베고니아 친절

모든 것을 배웠으니, 이제 우리는 다른 것을 배워야 합니다. 바로 **겸손**입니다.

입술을 봉인하고 여러분의 인내, 온유, 관대에 대해서는 잊으십시오. 사랑이 여러분의 삶 속에 들어와 아름다운 일을 행했다면, 조용히 앉아 그것에 관해 아무 말도 하지 마십시오.

사랑은 자기 자신에게조차 몸을 숨깁니다.

사랑은 자기만족조차 피합니다. 사랑은 자랑하지 않으며 교만하지 않습니다.

능소화 기다림, 인내

다섯째 요소는 이 무지개 같은 사랑 속에서, 이상하고 무의미해 보일지도 모르는 어떤 것입니다. 바로 **예의**지요. 예의는 사람들 사이의 사랑, 사회 속의 사랑입니다.

많은 사람이 예의는 불필요한 감정이라고 말하지요.

하지만 이는 사실이 아닙니다. 예의는 작은 일들에 필요한 사랑입니다.

"사랑은 무례히 행하지 않습니다." 어쩌면 여러분은 세상에서 수줍음을 가장 많이 타는 사람, 다른 사람들을 대할 준비가 가장 되어 있지 않은 사람일지도 모릅니다. 하지만 여러분의 마음속에 사랑이 많다면 항상 바르게 행동하겠지요.

칼라일*은 로버트 번스**에 대해 이야기하면서 유럽에서 이 쟁기질하는 시인보다 더 진정한 신사는 없다고 말했습니다. 그는 쥐, 데이지 그리고 여타 하나님의 크고 작은 피조물까지 그 모든 것을 사랑했기 때문이지요. 이는 번스가 누구와도 이야기할 수 있었고, 소박한 오두막에 살지만 화려한 궁전과 대저택들을 거리낌없이 방문할 수 있었다는 것을 뜻합니다.

여러분은 '신사'라는 단어의 의미를 아십니까? 신사는 일을 부드럽게 하는 사람을 말합니다. 이것이 바로 사랑의 예술이고 신비입니다.

마음속에 사랑이 있는 사람은 신사답지 않게 행동할 수가 없습니다. 반면 속물에 불과한 가짜 신사는 자기 감정의 포로가 되어 다른 사람을 사랑하지 못합니다.

"사랑은 무례히 행하지 않습니다."

---

*   Thomas Carlyle(1795~1881). 영국의 사상가·역사가.
** Robert Burns(1759~1796). 영국의 시인. 가난 때문에 학교 교육을 제대로 받지 못했지만 스코틀랜드 서민의 소박하고 순수한 감정을 훌륭하게 표현했다.

호박꽃 관대함, 포용 | **자운영** 감화

이타: "사랑은 자기의 유익을 구하지 않습니다." 사랑은 자신의 권리를 주장하지도 않습니다.

다른 많은 나라에서 그렇듯이 이곳 영국에서도 사람들은 자신의 권리를 위해 투쟁합니다. 그건 당연한 일이지요. 그러나 우리가 그런 권리를 스스로 포기하게 되는 순간들이 존재합니다.

그러나 바울은 우리에게 이것을 요구하지는 않습니다. 사랑은 너무나 심오한 것이어서 보상을 염두에 두고 사랑하는 사람은 아무도 없다는 걸 알기 때문이지요.

우리는 사랑이 보답으로 우리에게 무언가를 주기 때문에 사랑하는 것이 아니라, 가장 큰 선물이기 때문에 사랑합니다.

우리의 권리를 포기하는 것은 어렵지 않습니다. 결국 그 권리는 우리 밖에 있고 사회와 우리 사이의 관계에 묶여 있습니다. 어려운 건 우리 자신을 포기하는 것이지요. 자신을 위해 아무것도 추구하지 않는 것이 훨씬 더 어렵습니다.

일반적으로 우리는 많은 것을 추구하고 사고 얻고 자격을 갖추는 과정에서 이미 최고의 것을 가졌고, 보상을 포기하는 고귀한 행동을 할 수도 있습니다. 하지만 저는 그런 것을 전혀 추구하지 않는 것에 대해 이야기하고 있는 겁니다.

이드 오푸스 에스트.* 바로 이것이 과제입니다. 사랑은 그 자체로 충분합니다.

예언자는 말합니다. "혹시 여러분은 여러분 자신을 위해 위대한 것들을 추구합니까? 그런 것을 추구하지 마십시오." 왜일까요? 사물에는 위대함이 없기 때문입니다. 사물은 위대할 수가 없지요. 위대한 것은 오직 이타적 사랑입니다.

보상을 포기하는 것이 어렵다는 걸 저는 압니다. 하지만 보상을 전혀 구하지 않는 것이 훨씬 더 어렵습니다.

아니, 이렇게 말해선 안 되지요. 사랑에 너무 어려운 것

---

* Id opus est. '바로 이것이 나에게 필요한 것입니다'라는 뜻의 라틴어.

은 없습니다. 저는 사랑의 짐이 가볍다고 믿어요. '짐'은 사랑이 진행되는 방식일 뿐입니다. 그리고 저는 그것이 세상을 살아가는 가장 쉬운 방식이라고 확신합니다. 보상을 구하지 않는 사랑은 존재의 모든 순간을 빛으로 채울 수 있기 때문입니다.

모든 영적 가르침에서 발견되는 교훈은 행복이 가지고 소유하는 데 있지 않고 오직 베푸는 데 있다는 것입니다.

다시 한번 말합니다. 행복은 가지고 소유하는 데 있지 않고 오직 베푸는 데 있습니다.

요즘에는 거의 모든 사람들이 행복을 추구하는 데 있어 잘못된 길을 가고 있습니다. 그들은 가지고 소유하는 것에 관해, 겉으로 보이는 것과 성공 그리고 다른 사람들로부터 섬김을 받는 것에 관해 많이 생각합니다. 대부분의 사람들이 성취라고 부르는 것이 바로 그것이니까요.

하지만 진정한 성취는 베풀고 섬기는 데 있습니다. 그리스도는 "너희 중에 누구든지 으뜸이 되고자 하는 자는 너희의 종이 되어야 하리라"라고 말씀하셨습니다. 행복해지고 싶은 사람은 삶에서 사랑을 다른 모든 것 위에 놓아야 합니다. 그 외의 것은 하나도 중요하지 않습니다.

귤나무 친애 | **설악초** 박애

다음의 요소는 **좋은 성품**입니다. 사랑은 "성내지 않습니다."

우리는 나쁜 성품을 불우한 가정환경, 성격적 특성, 기질의 문제로 보는 경향이 있습니다. 그러나 사실은 성격의 결함으로 보아야 합니다. 이런 이유로 바울이 사랑에 관한 분석에서 좋은 성품을 애써 언급한 것입니다. 또한 다른 많은 성경 구절들이 나쁜 성품을 인간의 본성에서 가장 파괴적인 요소로 언급하고 있습니다.

제가 놀랍게 여기는 것은 스스로 덕이 있다고 여기는 사람들의 삶에서도 나쁜 성품의 흔적이 종종 발견되며, 그것이 고귀하고 온화한 줄로만 알았던 그들의 본성에 큰 오점을 남긴다는 점입니다. 거의 완벽에 가까운 사람들이 갑

자기 무언가에 대해 자신이 옳다고 주장하며 이성을 잃고 격분하는 경우를 우리는 많이 알고 있습니다.

덕과 나쁜 성품이 양립하는 것은 인류와 인간 사회를 괴롭히는 매우 안타까운 문제 중 하나입니다.

사실 죄에는 두 종류가 있습니다. 육신의 죄와 기질의 죄이지요. 신약성경의 비유에서 탕자는 가족을 버리고 세상으로 떠납니다. 반면 그의 형은 아버지와 함께 집에 남지요. 탕자는 여러 가지 불운을 겪은 후 집에 돌아오기로 결심하고, 아버지는 돌아온 그를 위해 성대한 잔치를 열기로 합니다. 이 사실을 알고 그의 형이 화가 나서 아버지에게 묻습니다. "저 아이가 아버지의 유산을 탕진하는 동안 저는 이제껏 아버지 곁에 머물며 일하지 않았습니까?"

여기서 탕자는 첫째 종류의 죄를 지은 반면, 그의 형은 둘째 종류의 죄를 지었다고 볼 수 있습니다. 이상하게도 사회는 이 두 종류의 죄 중 어느 것이 더 나쁜지에 대해 전혀 의심하지 않고 아무런 이의 제기도 하지 않은 채 탕자를 정죄합니다. 하지만 이런 생각이 과연 옳을까요?

우리는 서로의 죄의 무게를 달 저울을 갖고 있지 않으며, '더 좋다' 또는 '더 나쁘다'라는 말은 우리 인간들의 어휘에 존재하는 단어일 뿐입니다. 저는 이렇게 말하겠습니다. 복잡한 잘못이 단순하고 명백한 잘못보다 훨씬 더 심각할 수 있다고 말입니다.

사랑이신 분의 눈에는 사랑을 거스르는 죄가 백배 더 나쁩니다. 욕망이든 탐욕이든 정욕이든 술 취함이든, 어떤 악행도 악한 성품보다 더 나쁠 수는 없습니다.

삶을 비참하게 만들고,

공동체를 파괴하고,

관계를 깨뜨리고,

가정을 황폐화하고,

남녀를 시들게 하고,

젊음의 생기를 사라지게 하는 데 있어서,

나쁜 성품에 필적할 상대는 없습니다.

비참함을 유발하는, 순전히 불필요한 그것의 힘 때문이지요.

탕자의 형을 보십시오. 그는 매우 바르고, 부지런하고, 인내심 있고, 책임감이 강했습니다. 그가 행한 덕행들은 모두 그의 소관입니다. 그런데 이 소년, 이 자녀가 아버지의 집 문밖에 부루퉁하게 앉아 있습니다.

성경에는 "그가 노하여 들어가고자 하지 아니하거늘"이라고 기록되어 있습니다. 형의 태도가 탕자에게 미쳤을 영향을 생각해보십시오! 하나님의 왕국 안에 있다고 자처하는 사랑 없는 사람들 때문에 얼마나 많은 탕자들이 하나님 나라에 들어가지 못하고 밖에 머물러 있습니까!

아버지에게 불만을 토로할 때 질투, 분노, 교만, 잔인함, 독선, 아집, 원망이 가득하고 너그러움이 결핍되어 있었을 형의 얼굴을 상상해보십시오. 이런 감정들이 그 어둡고 사랑 없는 영혼을 이루고 있는 요소들이었습니다. 나쁜 성품과 편협함을 구성하는 요소들이지요.

우리 중 살면서 그런 압박을 경험해본 사람이라면 누구나 이런 죄가 육신의 죄보다 훨씬 더 파괴적임을 알 것입니다.

그리스도는 세리와 창녀들이 당시의 율법학자들보다 먼저 천국에 들어갈 거라고 말씀하시지 않았습니까?

천국에는 성미 나쁘고 편협한 사람을 위한 자리가 없습니다. 그런 사람은 천국을 모든 사람들이 견딜 수 없게 만들 것입니다.

거듭나지 않고는, 손댈 수 없고 확실하다고 생각하는 모든 것을 버리지 않고는 우리는 천국에 들어가지 못합니다. 천국에 들어가려면 영혼 속에 천국을 지녀야 하기 때문입니다.

나리꽃 순수, 깨끗한 마음 | **아라비아의별** 순수

하지만 여러분이 보다시피, 저조차 지금 설교하는 동안 화가 나기 시작했습니다. 짜증의 거품이 솟아올라 그 안에 숨겨진 부패를 드러냈습니다. 이것은 사랑의 위대한 시험입니다. 우리가 아무리 노력해도 사랑이 꽃피는 데 필요한 평화를 성취하지 못하는 것입니다. 경계를 늦추는 순간 우리의 영혼 깊숙한 곳에 숨겨져 있던 것들이 어떻게 표면에 드러나는지 보십시오. 그래서 저도 관대, 겸손, 인내, 예의, 이타에 관해 설교하던 중 갑자기 화가 치밀어올랐던 겁니다.

덕에 관해 말하는 모든 사람이 빠지는 함정, 즉 불관용이라는 악덕에 빠진 거지요.

그런데 단지 이런 생각들을 말하거나 그런 함정과 맞서 싸우는 것만으로는 충분하지 않습니다. 우리는 그것들이 숨은 곳을 찾아내어 없애고 우리 내면의 가장 깊은 본성을 바꿔야 합니다. 그러면 우리의 분노는 저절로 사그라질 것입니다. 그러면 우리의 영혼은 더 온화해질 것입니다. 공격성을 몰아냈기 때문이 아니라, 사랑을 투입했기 때문입니다.

하나님은 사랑이시며, 그 사랑은 우리 안에 스며들어 모든 것을 달콤하게 만들고, 정화하고, 변화시킵니다. 모든 실수를 몰아내고, 내면의 사람을 새롭게 만들고, 재생하고, 재건합니다.

의지력만으로는 이런 변화를 불러올 수 없습니다. 오직 사랑이 그렇게 할 수 있지요.

그러니 사랑을 받아들이십시오. 기억하십시오. 이것은 삶과 죽음의 문제입니다. 나 자신을 사랑하지 못한다면, 여기 이렇게 서서 사랑에 대해 이야기하는 것은 아무런 의미도 없습니다. 그리스도는 이렇게 말씀하셨습니다. "누구든지 나를 믿는 이 작은 자 중 하나를 실족하게 하면 차라리 연자 맷돌이 그 목에 달려서 깊은 바다에 빠뜨려지는 것이 나으니라."

다시 말해, 사랑하지 않느니 살지 않는 편이 낫다는 겁니다.

사랑하지 않느니 차라리 살지 않는 편이 더 낫습니다.

제라늄 순수한 마음 | **딸기** 애정, 존중

이제 정직과 진실에 대해서도 이야기해봅시다. 우리에게 가장 깊이 영향을 미치고 감동을 주는 사람은 우리가 하는 말을 믿어주는 사람들입니다.

의심은 사람을 주눅 들게 하지요.

반면 정직함과 마주하면 우리는 성장하고 확장됩니다. 우리를 믿어주는 사람들 곁에서 용기와 우정을 발견하지요. 우리를 이해하는 사람들이 우리를 변화시킬 수 있습니다. 악한 것을 생각하지 않는 사람들이 여전히 존재한다는 건 마음 놓이는 일입니다. 그들은 자신이 행하고 있는 선의 중요성을 잘 압니다. 그런 사람들은 사람과 하나님의 눈앞에서 성장합니다. 사랑은 "악한 것을 생각하지 아니하며", 항상 밝은 면을 보며, 모든 행동에서 긍정적인 점을 찾습니다. 그러므로 시기나 무관심을 두려워하지 않지요.

다시 말하지만, 사랑하는 사람은 보상을 구하지 않아도 승리합니다. 언제나 빛 속에서 산다는 건 얼마나 멋진 일인지요! 악한 것을 생각하지 않고 하루를 보낼 수 있다는 건 얼마나 큰 자극이고 얼마나 큰 축복인지요!

신뢰받는다는 것은 곧 사랑에 매우 가까이 있다는 것입니다. 그리고 우리는 다른 사람들을 신뢰할 때 사랑을 성취할 수 있습니다. 우리의 정직함 때문에 다른 사람들이 우리에게 끼칠 수 있는 작은 손해는 삶 앞에서 우리가 느끼는 기쁨에 비하면 아무것도 아닙니다. 더 이상 무거운 갑옷, 커다란 방패, 위험한 무기를 두를 필요가 없습니다. 정직이 우리를 보호할 테니까요.

어떤 사람을 돕고 싶다면 그 사람을 신뢰해야 합니다. 우리가 다른 사람들을 존중할 때 우리 역시 자존감을 회복할 것입니다.

우리가 어떤 사람이 나아질 수 있다고 믿고 그 사람을 우리와 동등하게 여긴다면, 그 사람은 우리의 말을 듣고 자신이 더 나은 사람이 될 수 있다고 믿을 것입니다.

사랑은 "불의를 기뻐하지 아니하며 진리와 함께 기뻐합니다." 저는 이 구절에서 말하는 요소를 **진실**이라고 일컫습니다.

사랑하는 사람은 이웃을 사랑하는 만큼 진리를 사랑할 것입니다. 그는 진리 안에서 기쁨을 누릴 테지만, 자신이 믿도록 배워온 것 안에서 기뻐하지는 않을 것입니다.

교리의 진리 안에서 기뻐하지 않을 것입니다.

교회의 진리 안에서 기뻐하지 않을 것입니다.

이런 '주의'나 저런 '주의' 안에서 기뻐하지도 않을 것입니다.

그는 진리 안에서 기뻐할 것입니다. 겸손하고 편견 없는 마음으로 진리를 추구하고, 자신이 발견한 것에 만족할 것입니다.

사랑의 이런 특성을 설명하는 데 진실이라는 단어가 가장 적합한 단어가 아닐지도 모르지만, 저는 이보다 더 나은 단어를 제시할 수 없습니다.

다른 사람을 모욕하거나 다른 사람의 실수를 물고 늘어져 자신이 얼마나 우월한지 보여주는 종류의 진실함에 대해 이야기하는 것이 아닙니다. 진정한 사랑은 다른 사람의 약점을 드러내는 것이 아니라, 모든 것을 받아들인 뒤 사람들이 말하던 것보다 상황이 더 나아졌음을 보고 기뻐하는 것입니다.

페이지 평화, 깊은 순수 | 캄파눌라 상냥한 사랑

가을의 정원

Autumn Garden

세상에서 불멸하는 유일한 것은
믿음, 소망 그리고 사랑이다

사랑에 대한 분석은 이 정도로 하고, 이제 우리는 이 모든 요소들을 우리의 성품에 적용해 내 것으로 삼아야 합니다.

사랑하는 법을 배우는 것, 그것이 이 세상에서 우리의 목표가 되어야 합니다.

인생은 사랑하는 법을 배울 수 있는 기회를 끊임없이 제공합니다. 모든 사람이 인생을 살면서 스스로를 사랑에 바칠 기회를 충분히 가집니다. 인생은 휴일이 아니라 배움의 장(場)입니다.

그리고 우리가 배울 수 있는 가장 중요한 교훈이 바로 사랑하는 법에 관한 교훈입니다.

더 잘 사랑하는 법 말입니다.

어떤 사람을 위대한 예술가, 위대한 작가, 위대한 음악가로 만들어주는 것은 무엇일까요?

연습입니다.

무엇이 어떤 사람을 위대한 사람으로 만들어줄까요?

역시 연습입니다. 다른 비결은 없어요.

영적 성장에도 육체와 영혼에 적용되는 것과 같은 법칙이 적용됩니다. 우리가 팔을 단련하지 않으면 이두근을 절대 키울 수 없습니다. 마찬가지로 영혼을 단련하지 않으면 강인한 성격이나 아름다운 영적 성장을 결코 이뤄낼 수 없지요.

사랑은 순간의 짧은 열정이 아닙니다.

사랑은 우리 존재의 풍부하고 강력하고 관대한 표현입니다. 가장 충만한 의미에서의 성품입니다. 이것을 달성하려면 꾸준한 연습이 필요합니다.

그리스도는 목공 작업장에서 무엇을 하셨습니까?

연습하셨습니다.

성경을 보면, 그분은 완전했지만 순종을 배워 지혜가 자라 하나님과 사람들에게 더욱 사랑받으셨다고 기록되어 있습니다.

세상을 사랑을 배우는 위대한 교육장으로 여기고, 삶에

서 여러분의 운명에 대해 이의를 제기하지 마십시오. 끝없는 걱정거리와 염려, 비참한 주변 환경 그리고 여러분이 함께 살아가야 하는 보잘것없고 추악한 영혼 때문에 불평하지 마십시오.

그것은 하나님이 여러분을 훈련시키시는 방법입니다.

또한 유혹에 두려워하거나 놀라지 마십시오. 유혹은 언제나 존재하고, 여러분의 모든 노력과 기도에도 절대로 사라지지 않으니까요. 바로 이것이 하나님이 여러분의 영혼을 일하게 만드시는 방법입니다.

이 모든 것이 여러분에게 인내, 겸손, 관대, 이타, 온유, 예의를 가르칩니다. 여러분의 모습을 형성하는 손을 밀어내지 마십시오. 그 손 또한 여러분이 가야 할 길을 보여주니 말입니다.

확신을 가지십시오. 여러분은 시간이 흐를수록 점점 더 아름다워집니다. 그렇게 보이지 않을지 모르지만, 어려움과 유혹은 하나님의 도구입니다.

괴테가 한 말을 기억하십시오. **"재능은 고독 속에서 발전하고, 성품은 인생의 흐름 속에서 발전한다."**

재능은 고독 속에서 기도, 믿음, 묵상 그리고 보이지 않는 것을 보는 일을 통해 발전합니다.

그러나 성품은 우리가 인생의 흐름을 경험할 때만 성장할 수 있습니다. 우리가 사랑하는 법을 배우는 곳은 바로 이 세상이기 때문입니다.

금잔화 겸손 | **란타나** 변화, 회복

지금까지 저는 하나님과 이웃을 이해하도록 우리를 도와주는 방법으로 사랑의 몇 가지 요소를 열거했습니다.

하지만 이것들은 그저 요소일 뿐입니다. 사랑은 결코 정의될 수 없지요.

빛은 그 구성 요소들의 총합보다 큽니다. 빛은 우주에서 반짝이는 어떤 것이니까요.

그리고 사랑도 그 구성 요소들의 총합보다 훨씬 더 큽니다. 사랑은 살아 있고, 고동치며, 신성한 것이니까요.

무지개 빛깔을 전부 섞으면 빛이 아니라 흰색이 만들어집니다.

마찬가지로 우리가 앞에서 이야기한 미덕을 모두 합치면 미덕을 갖춘 사람이 될 테지만, 그것이 곧 우리가 사랑하는 법을 배웠음을 의미하지는 않습니다.

우리의 마음속에 사랑을 가져오려면 어떻게 하면 될까요?

사랑을 가까이하도록 의식적으로 노력해야 합니다.

사랑하는 법을 배운 사람들을 따라 하려고 애써야 합니다.

제가 여기서 말한 모든 것을 포함해서 사랑이 무엇인지 말해주는 규칙들을 모두 잊어야 합니다.

기도해야 합니다.

주의해야 합니다.

하지만 그 무엇도 우리를 사랑하게 만들지 못할 것입니다. 사랑은 결과이기 때문입니다. 그리고 결과는 우리가 원인을 알 때만 나타납니다.

그 원인이 무엇인지 말씀드릴까요?

개역판 요한1서를 보면 다음과 같은 말씀이 나옵니다.

"우리가 사랑함은 그분께서 먼저 우리를 사랑하셨기 때문이라."

이렇듯 '우리가 사랑한다'고 기록되어 있습니다. 이전 번역본인 킹 제임스 성경에 나온 것처럼 '우리가 그분을 사랑한다'가 아닙니다.

"우리가 사랑함은 그분께서 먼저 우리를 사랑하셨기 때문이라."

'때문'이라는 단어에 주목하십시오.

제가 말씀드린 원인이 바로 이것입니다.

그분께서 먼저 우리를 사랑하셨기 때문에, 그 결과 우리도 사랑하게 됩니다. 우리는 모두 사랑의 현현(顯現, manifestation)입니다.

우리는 그분을 사랑하고, 우리 자신을 사랑하고, 모든 사람을 사랑하게 됩니다.

그렇습니다. 우리의 마음이 천천히 변화하게 됩니다. 여러분에게 주어진 사랑을 숙고해보면, 여러분은 사랑하는 법을 알게 될 것입니다.

자신에게, 또는 다른 누구에게도 사랑하라고 강요할 수는 없습니다. 우리가 할 수 있는 것은 사랑을 바라보고, 사랑과 사랑에 빠지고, 그것을 따라 하는 것뿐입니다.

사랑하십시오, 사랑하십시오. 그분이 치른 위대한 희생을 기억하십시오. 그러면 그분을 사랑하게 되고, 당신도 그분처럼 될 것입니다.

사랑은 사랑을 불러옵니다.

쇠 한 조각을 전기를 발생시키는 물체 가까이에 두면,

리시안셔스 변치 않는 사랑 | **유칼립투스** 추억, 사랑

유도 과정을 통해 쇳조각에도 전기가 흐르게 됩니다. 쇠 한 조각을 자석 가까이에 두면, 그 쇳조각도 자석이 됩니다.

    그러니 우리를 사랑하시는 그분 가까이에 머무십시오. 그러면 그 사랑에 이끌릴 것입니다. 원인을 찾는 사람은 누구나 그 결과를 느낄 것입니다.

영적 탐구가 우연이나 변덕에 의해, 혹은 우리가 신비를 좋아하기 때문에 존재한다는 생각에서 벗어나십시오. 영적 탐구는 자연적, 아니, 영적 법칙, 즉 신법(神法)에 의해 존재합니다.

에드워드 어빙*은 죽어가는 소년을 방문했습니다. 방에 들어서자 그는 소년의 머리에 손을 얹고 "애야, 하나님은 너를 사랑하신단다"라고 말했습니다.

그런 다음 더는 아무 말도 하지 않고 그곳을 떠났습니다.

그러자 소년이 침대에서 나와 집 안에 있던 모든 사람을

---

* Edward Irving(1792~1834). 스코틀랜드의 목사. 방언과 치유의 은사를 강조하며 가톨릭 사도 교회의 전신을 형성하는 데 기여했다.

떡갈잎수국 진경섭

향해 외쳤습니다. "하나님이 나를 사랑하신대요! 하나님이 나를 사랑하신대요!" 그 말이 불러온 변화는 대단했지요. 하나님이 자신을 사랑하신다는 확신이 소년에게 힘을 주었고, 몸의 병증을 모두 없애버렸어요. 그리고 소년에게 변화가 시작되었습니다.

이렇듯 사랑은 사람의 마음속에 있는 모든 병과 악을 녹여 없애 그 사람을 새로운 피조물, 즉 인내심 있고 겸손하고 관대하고 온유하고 이타적이고 진실한 존재로 변화시킵니다.

사랑하는 다른 방법은 없으며, 거기에는 어떤 신비도 존재하지 않습니다. 우리는 다른 사람들을 사랑하고, 우리 자신을 사랑하고, 우리의 원수들을 사랑해야 합니다. 그분께서 먼저 우리를 사랑하셨기 때문이지요.

바울이 사랑을 세상에서 가장 큰 선물로 여긴 이유에 대해 덧붙일 말은 이제 더 이상 없습니다. 우리는 그것을 간단하게 요약할 수 있습니다.

사랑은 언제까지나 스러지지 아니하되.

바울은 **"사랑은 언제까지나 스러지지 않는다"**고 강조합니다. 그런 다음 우리에게 또 다른 놀라운 목록을 제시하지요. 그는 당시에 중요했던 것들, 모든 사람이 영원히 지속될 거라고 생각했던 것들에 대해 이야기합니다. 그런 다음 그것들이 모두 순간적이고, 덧없으며, 사라져버리는 것들임을 보여줍니다.

"예언도 폐하고."

당시 모든 어머니들의 꿈은 아들이 예언자가 되는 것이

었습니다. 수백 년 동안 하나님은 예언자들을 통해 세상에 말씀하셨고, 그래서 예언자는 왕보다 더 강력한 힘을 발휘했지요. 사람들은 하늘이 새로운 사자(使者)를 내려주기를 간절히 기다렸고, 그가 하는 모든 말에 매달렸습니다.

바울은 확고한 어조로 말합니다. **"예언도 폐하고."**

성경은 예언들로 가득하지만, 그 예언들은 성취되고 나면 의미를 잃었습니다. 그런데 이제 예언은 사라졌습니다. 독실한 사람들의 믿음을 더 단단히 해주기 위해서만 남아 있지요.

그런 다음 바울은 언어에 대해 이렇게 말합니다.
"방언도 그치고."

우리가 아는 바에 의하면, 지구상에 언어가 처음 생겨나고 수천 년이 흘렀습니다. 언어는 위험하고 적대적인 세상에서 인간이 살아남는 데 도움이 되었지요. 그런데 그 언어들은 지금 어디에 있을까요? 사라졌습니다.

이집트인들은 피라미드를 건설했고, 오늘날까지도 그곳에 남아 있는 기념물들에 문자를 새겼습니다. 현재 이집트인들은 하나의 민족으로 여전히 존재하지만, 그들의 본래

언어는 사라졌습니다.

이런 예들을 여러분의 마음에 드는 어떤 의미로든, 심지어 글자 그대로 받아들여도 괜찮습니다.

그렇다면 비록 이런 예들이 바울의 주된 관심사는 아니었을지라도, 그가 한 말의 의미를 이해하는 데 도움이 될 수 있습니다. 우리가 읽고 이야기해온 고린도전서는 원래 고대 그리스어로 쓰였습니다.

하지만 만약 우리가 그 원문을 가지고 그리스에 간다 해도, 그것을 해독할 수 있는 사람은 거의 없을 것입니다.

1500년 전에는 라틴어가 세계를 지배했지만, 그 지배는 오래전에 끝났습니다. 토착어를 보세요. 그것들은 빠르게 사라지고 있습니다. 웨일스와 스코틀랜드의 원어도 우리 눈앞에서 사라지고 있지요.

현재 성경을 제외하고 영국에서 가장 인기 있는 책은 찰스 디킨스의 『픽윅 클럽 여행기(The Pickwick Papers)』입니다. 이 책은 대부분 런던의 길거리 영어로 쓰여 있지요. 학자들은 앞으로 50년 뒤에는 일반 독자들이 이 책의 내용을 이해하기 어려울 거라고 말합니다.

더 나아가 바울은 이렇게 덧붙입니다. **"지식도 폐하리라."**

고대인의 지혜는 어디로 갔을까요? 완전히 사라졌습니다. 오늘날 중학교에 다니는 소년이 중력의 법칙을 발견한 아이작 뉴턴 경이 당시에 알았던 지식보다 훨씬 더 많은 지식을 알고 있습니다. 신문은 아침에 뉴스를 전하고 매일 밤 버려집니다. 그리고 단돈 몇 펜스만 내면 10년 전 백과사전을 쉽게 구입할 수 있습니다. 거기에 설명된 과학적 발견들이 이제는 완전히 구시대의 것이 되어버렸기 때문이지요.

마차는 증기기관으로 대체되었습니다. 그리고 지금은 전기가 증기기관을 대체하려고 위협하고 있지요. 탄생한 지 얼마 안 되는 수백 가지의 발명품이 애매한 것으로 전락하고 있습니다. 과학 분야에 현존하는 가장 위대한 권위자 중 한 명인 윌리엄 톰슨 경*은 한 회의에서 "증기기관은 사라지고 있습니다"라고 말했습니다.

"지식도 폐하리라."

우리는 모든 작업장 뒷마당에서 녹에 부식된 바퀴, 레

---

* William Thomson(1824~1907). 영국의 물리학자·수학자. 19세기 물리학계의 태두로 불린다.

돌배 참고 견딤, 인내 | **옥시페탈룸** 영원한 사랑, 서로를 믿는 마음

버, 크랭크들을 봅니다. 20년 전만 해도 그 부품들은 주인의 마음을 뿌듯하게 해주는 귀한 물건이었습니다.

그런데 이제는 쓸모없는 낡은 고철 더미일 뿐 아무것도 아니지요.

우리가 너무도 자랑스러워하는 오늘날의 모든 과학과 철학도 곧 낡은 것이 될 겁니다.

몇 년 전 에든버러에서 가장 위대한 인물은 마취제의 전구물질인 클로로포름을 발견한 제임스 심프슨 경이었습니다. 최근 대학교 사서가 이 과학자의 조카에게 삼촌의 책들 중 이제는 학생들에게 쓸모없어진 것을 골라달라고 부탁했습니다.

그러자 조카는 그 사서에게 "10년이 넘은 책은 모두 지하 서고로 옮기세요"라고 말했습니다.

제임스 심프슨 경은 매우 중요한 인물이었고, 전 세계의 과학자들이 그에게 자문하러 왔었습니다.

그런데 불과 몇 년 사이에 그가 발견한 것들을 비롯해 그의 시대의 거의 모든 발견이 망각 속으로 사라져버린 겁니다.

"우리가 지금은 거울로 보는 것같이 희미하나 그때에는 얼굴과 얼굴을 대하여 볼 것이요, 지금은 내가 부분적으로 아나 그때에는 주께서 나를 아신 것같이 내가 온전히 알리라."

여러분은 영원히 지속되는 것이 무엇인지 저에게 말씀해 주실 수 있습니까? 바울은 굳이 많은 것을 언급하지 않았습니다. 그는 돈, 재산, 명예에 대해 언급하지 않았습니다. 그 시대에 중요했던 것들, 당대의 가장 뛰어난 사람들이 헌신했던 것들만 골라냈습니다. 그리고 그것들을 단호하게 무시했지요.

바울이 그런 것들 자체에 반대한 것은 아닙니다. 그것들에 대해 나쁘게 말하지도 않았어요. 그저 그것들이 영원하지 않을 거라고만 말했습니다. 그것들은 중요했지만, 최고의 선물은 아니었던 겁니다.

그것들을 초월하는 것이 있었습니다.

우리의 존재는 우리가 하는 일보다 더 중요하고, 우리가 소유한 것보다 훨씬 더 중요합니다. 사람들이 죄라고 말하는 많은 것들은 사실 죄가 아닙니다. 그것들은 곧 사라질 감정과 실수일 뿐입니다.

덧없는 것들이지요.

이것은 신약성경에서 가장 인기 있는 주제입니다. 요한은 세상이 잘못되었다고 말하지 않습니다. 그는 세상이 "지나간다"고 말합니다.

세상에는 아름다운 것이 많고, 우리를 기쁘게 하고 끌어당기는 중요한 것들이 있습니다. 하지만 그것들은 영원하지 않습니다. 이 세상 왕국의 모든 것, 다시 말해 교만 그리고 눈과 육신의 쾌락은 잠시 존재할 뿐입니다.

그러므로 이 세상 것들을 사랑하지 마십시오. 세상에 존재하는 그 무엇에도 불멸하는 영혼의 시간과 헌신을 바칠 가치가 없습니다. 불멸하는 영혼은 불멸하는 것에 스스로를 바쳐야 합니다.

그리고 불멸하는 유일한 것이 믿음, 소망 그리고 사랑입니다.

어떤 사람들은 이 중 두 가지도 사라진다고 말할지도 모릅니다. 믿음은 우리가 하나님의 임재를 느끼고 경험할 때 사라지고, 소망은 우리의 소망이 성취될 때 사라지지요.

하지만 확실한 것은 사랑이 영원하다는 사실입니다.

하나님, 영원한 하나님은 사랑이십니다. 그러니 사랑을 구하십시오. 그 영원한 순간, 인류가 종말에 이르렀을 때 남을 유일한 것인 사랑을 말입니다. 모든 나라의 모든 화폐가 쓸모없어지고 가치 없어질 때, 사랑은 우주에서 여전히 받아들여지는 유일한 화폐가 될 것입니다.

만약 여러분이 많은 것에 여러분을 바치기로 결심했다면, 먼저 사랑에 바치십시오. 그러면 다른 모든 것이 따라올 겁니다. 각각의 것에 적절한 가치를 부여하십시오.

도라지꽃 영원한 사랑 | **천일홍** 변하지 않는 사랑

각각의 것에 적절한 가치를 부여하십시오.

그리스도는 사랑을 중심에 놓고 자신의 삶 전체를 세우셨습니다. 그러니 이런 생각에 동조하고 사랑을 기준점으로 삼아 삶을 세울 수 있는 충분한 힘을 발견하는 것을 여러분 삶의 가장 큰 목표로 삼으십시오.

저는 사랑이 영원하다고 말했습니다. 여러분은 요한이 얼마나 자주 사랑을 영생과 연관 짓는지 주목해본 적이 있습니까? 저는 어렸을 때 "하나님이 세상을 이처럼 사랑하사 독생자를 주셨으니 이는 그를 믿는 자마다 영생을 얻게 하려 하심이니라"라는 말씀을 듣지 못했습니다.

제가 기억하기로 제가 들은 말씀은 하나님이 세상을 이처럼 사랑하사 우리가 그분을 믿으면 평화, 안식, 기쁨과 안

전을 얻게 된다는 것이었습니다. 이것이 사실이 아님을 저는 스스로 알아내야 했습니다. 사실은 그분을 믿는 모든 사람―믿음은 사랑으로 향하는 유일한 길이므로, 다시 말해 그분을 사랑하는 모든 사람―이 영생을 얻게 된다는 말씀이었습니다.

복음서들은 새로운 삶에 대해 우리에게 이야기합니다. 그러므로 여러분의 이웃에게 평화, 안식, 기쁨과 안전만을 주지 마십시오. 거기에 더해, 그리스도께서 사랑이 충만한 삶, 그러므로 구원이 충만한 삶, 우리가 사랑하는 법을 배우는 데 헌신할 수 있을 만큼 충분히 긴 삶을 우리 모두에게 주시기 위해 이 세상에 오셨음을 말하십시오.

바로 이것이 복음이 육신과 영혼과 영을 이해하고 감동시키고 그것들에 목표와 목적을 부여하는 유일한 방법입니다.

오늘 우리가 읽는 많은 영적 텍스트들이 우리 본성의 한 부분만을 향하고 있습니다. 평화를 부여하지만 삶에 대해서는 말하고 있지 않지요.

믿음에 대해 이야기하지만 사랑에 대해서는 잊고 있습

니다. 거듭남이 아니라 칭의(稱義)*에 대해 말하고 있지요.

그리하여 결국 우리는 영적 탐구에서 도망치게 됩니다. 영적 탐구가 우리를 올바른 길로 인도하지 못한 것이지요.

이런 실수를 저지르지 마십시오. 온전한 사랑만이 우리로 하여금 세상에 대한 사랑과 경쟁할 수 있게 한다는 점을 분명히 해야 합니다.

---

* 예수 그리스도의 의(義)에 근거해 죄인을 의롭다 선언하는 것.

풍성하게 사랑하는 것은 곧 풍성하게 사는 것입니다.

영원히 사랑하는 것은 곧 영원히 사는 것입니다. 영원한 삶은 사랑과 떼려야 뗄 수 없는 관계지요.

우리는 왜 영원히 살고 싶어 할까요? 내일 우리가 사랑할 수 있는 누군가를 만나길 기대하기 때문입니다. 사랑하는 사람 옆에서 또 다른 하루를 살고 싶기 때문입니다. 우리의 사랑을 받을 자격이 있는, 그리고 우리가 사랑받을 자격이 있듯이 그쪽에서도 우리를 사랑하는 법을 알고 있는 누군가를 찾고 싶기 때문입니다.

그래서 우리가 나를 사랑해주는 사람이 없을 때 죽고 싶다는 강력한 욕망을 느끼는 겁니다. 친구가 있고, 그를 사랑하고 그도 그 사람을 사랑하는 한, 그 사람은 삶을 살아갈 것입니다.

산다는 건 곧 사랑하는 것이기 때문입니다.

심지어 동물, 예를 들어 반려견에 대한 사랑조차 인간에게 삶의 동기를 부여할 수 있습니다. 하지만 그를 삶과 이어준 그 사랑의 접점을 잃으면, 계속해서 살아갈 이유 또한 사라지겠지요.

'생명의 에너지'가 사라질 것입니다.

영생은 사랑을 아는 것을 의미합니다. 하나님은 사랑이십니다. 요한은 이렇게 말합니다. "영생은 곧 유일하신 참 하나님과 그가 보내신 자 예수 그리스도를 아는 것이니이다."

여러분의 믿음과 신앙이 어떠하든, 먼저 사랑을 구하십시오. 그러면 다른 모든 것은 저절로 따라올 것입니다.

사랑은 영원합니다. 하나님이 영원하시기 때문입니다.

스토크 영원한 사랑 | **까마귀쪽나무** 평안, 인내

동백 진실한 사랑 | **아몬드꽃** 진실한 사랑

사랑은 생명입니다.

사랑은 언제까지나 스러지지 않으며, 사랑이 존재하는 한 생명도 스러지지 않지요.

바로 이것이 바울이 우리에게 보여주는 것입니다. 모든 피조물 안에는 최고의 선물로서 사랑이 존재한다는 것이지요. 다른 모든 것이 사라져도 사랑은 남아 있기 때문입니다.

사랑은 여기 있습니다. 지금 여기, 우리 안에 존재합니다. 그것은 우리가 죽은 뒤에 주어질 어떤 것이 아닙니다. 오히려 지금 사랑을 찾고 실행하지 않으면, 나이가 들어 사랑을 배울 기회는 거의 없을 것입니다.

사람이 맞이하는 운명 중 사랑하지 못하고 사랑받지 못한 채 홀로 살다가 죽는 것보다 더 나쁜 운명은 없을 겁니다. 사랑하는 것은 곧 구원받는 것입니다.

　사랑하지 않거나 사랑받지 않는 것은 저주받는 것입니다.

　그리고 사랑 안에서 기쁨을 얻는 사람은 이미 하나님 안에서 기쁨을 누리는 것입니다. 하나님은 사랑이시기 때문입니다.

매우 긴 설교가 거의 끝나갑니다. 하지만 그 전에 한 가지 제안을 하고 싶습니다. 앞으로 석 달 동안, 적어도 일주일에 한 번 이상 바울이 고린도 사람들에게 보낸 편지의 이 부분을 저와 함께 읽어주시겠습니까? 어떤 사람이 그렇게 했고, 그 일을 통해 그의 삶이 완전히 바뀌었습니다.

매일 이 편지를 읽는 것으로 시작해도 됩니다. 특히 사랑에 따르는 행동을 묘사하는 구절들을 읽으십시오.

사랑은 오래 참고 온유하며, 시기하지 않습니다.

이 요소를 여러분의 삶에 적용하십시오. 그러면 여러분이 하는 모든 일이 영원할 것입니다. 사랑의 기술을 배우는 데 약간의 시간을 들이는 건 가치 있는 일입니다.

잠자는 동안 성인(聖人)이 되는 사람은 없지요. 기도하고 묵상해야 합니다.

마찬가지로, 어떤 방향으로든 발전을 이루려면 준비와 관심이 필요합니다.

충만하고 올바른 삶을 사는 데 전념하십시오. 돌아보면 여러분 인생의 가장 훌륭하고 중요한 순간은 사랑의 영이 함께했던 순간들이었음을 알게 될 것입니다.

우리가 과거를 돌아보고 인생의 덧없는 즐거움에 대한 미련을 버린다면, 우리 존재의 중요한 순간은 사랑을 경험한 순간이었고, 주변 사람들을 위해 눈에 띄지 않는 친절한 행동을 한 순간이었으며, 가끔은 중요하지 않은 일일지라도 짧은 찰나 우리로 하여금 영원한 삶에 벌써 들어선 것 같은 느낌을 받게 한 순간이었음을 알게 될 것입니다.

저는 하나님이 창조하신 아름다운 것들을 거의 다 보았습니다. 인간이 경험할 수 있는 즐거움을 거의 다 누렸습니다. 그러나 저의 과거를 돌아보면, 제가 하나님의 사랑을 모방한 행동을 한 것은 고작 네댓 번뿐이었습니다.

그 순간들이 제 존재에 의미를 부여합니다. 다른 것은 모두 덧없지요. 다른 선이나 미덕은 전부 환상에 지나지 않습니다. 아무도 알아차리지 못했고, 아무도 알지 못하는 그

스노우베리 현명함 | **스위트피** 기쁨, 사랑

작은 사랑의 행위들이 저의 삶을 가치 있게 만듭니다.
사랑은 오래오래 지속되기 때문입니다.

마태는 우리에게 최후의 심판에 대해 고전적으로 묘사해줍니다. 그리스도가 보좌에 앉아 마치 목자(牧者)처럼 양과 염소를 구분하시지요.

그 순간 인간이 해야 할 가장 중요한 질문은 '나는 어떻게 살았는가?'가 아니라 '나는 어떻게 사랑했는가?'일 것입니다.

구원을 향한 모든 탐색의 여정에서 마지막 시험은 사랑일 것입니다. 우리가 한 것, 믿은 것, 성취한 것은 아무 쓸모가 없어요.

그 무엇도 중요하지 않을 것입니다. 중요한 것은 우리가 이웃을 어떻게 사랑했는가 하는 것입니다.

우리가 저지른 실수는 기억조차 되지 않을 것입니다. 우리는 우리가 게을리한 선한 일로 심판받을 것입니다. 사랑을 우리 안에 가둬두는 건 하나님의 영을 거스르는 일이니까요. 사랑을 우리 안에 가둬두면 우리가 그분을 결코 알지 못했고, 그분이 우리를 헛되이 사랑하셨으며, 그분의 아들이 헛되이 죽으신 것이 돼버립니다.

우리가 사랑하지 않는 것은 하나님이 우리의 생각, 우리의 삶에 영감을 주신 적이 한 번도 없으며 우리가 그분의 풍성한 사랑에 감동받을 만큼 그분께 충분히 가까이 간 적이 한 번도 없다는 것을 뜻합니다. 그것은 다음과 같은 의미입니다.

"나는 나 자신을 위해 살았고, 나 자신을 위해 생각했다.
옆에 아무도 두지 않고, 오로지 나 자신을 위해.
마치 예수님이 이 땅에 사신 적이 없는 것처럼,
마치 그분이 돌아가시지 않은 것처럼."

이 세상 모든 민족들이 하나님 앞에서 하나가 될 것입니다. 우리는 모든 사람 앞에서 심판받을 것입니다.

그리고 각각 자기 자신을 심판할 것입니다.

우리가 만나고 도와준 사람들이 그곳에 함께 모일 것입니다. 우리가 멸시하고 거부한 사람들도 그곳에 있을 것입니다. 증인을 부를 필요는 없습니다. 우리 자신의 삶이 우리가 행한 일들의 증거로써 거기에 있을 것이기 때문입니다.

우리는 사랑이 부족했다는 것 말고는 비난받지 않을 것입니다.
확신컨대, 그날 우리가 들을 말씀은 신학이나 성인들, 또는 교회로부터 나온 말씀이 아닐 것입니다.
그 말씀은 굶주린 사람들, 가난한 사람들에게서 나올 겁니다. 신조(信條)나 교리에서 나오지 않을 것입니다.
그 말씀은 헐벗고 집 없는 사람들에게서 나올 겁니다. 성경이나 기도서에서 나오지 않을 것입니다.
그 말씀은 우리가 주거나 주지 않은 물 한 잔에서 나올 것입니다.

그리스도는 어떤 분이십니까?
가난한 자에게 먹을 것을 주고, 헐벗은 자에게 옷을 입히고, 병든 자를 돌아보신 분입니다.

과꽃 믿음직한 사랑 | **마가렛** 진실한 사랑

우리는 어디서 그리스도를 만납니까?
"누구든지 내 이름으로 이런 어린아이 하나를 영접하면 곧 나를 영접함이니."

마지막으로 어떤 사람이 그리스도와 함께합니까?
"사랑하는 자마다 하나님으로부터 나서."

—

젊은 선교사가 설교를 마칠 때쯤에는 이미 해가 저물어 있었다. 사람들은 말없이 일어나 각자 집으로 돌아갔다. 그들은 살아가는 동안 이날을 결코 잊지 못할 터였다. 그들은 최고의 선물에 감동했고, 그날 오후가 오래오래 기억되기를 바랐다.

그들 중 한 사람은 이렇게 생각했다. '오늘 오후가 영원히 기억되지는 않겠지만 저 젊은 선교사가 한 말이 옳아. 오직 사랑만이 영원해.'

옮긴이 | 최정수

연세대학교 불어불문학과와 동 대학원을 졸업하고 전문번역가로 활동하고 있다. 파울로 코엘료의 『연금술사』, 『오 자히르』, 『마크툽』, 아니 에르노의 『단순한 열정』, 프랑수아즈 사강의 『한 달 후, 일 년 후』, 『신기한 구름』, 『잃어버린 옆모습』, 기 드 모파상의 『기 드 모파상: 비곗덩어리 외 62편』, 아모스 오즈의 『시골 생활 풍경』 외 『나는 죽음을 돕는 의사입니다』, 『우리가 작별 인사를 할 때마다』, 『죽은 자들은 말한다』, 『파베세의 마지막 여름』 등 110여 권의 책을 우리말로 옮겼다.

그린이 | 김이랑

좋아하는 모든 것을 그리는, 수채화 작품으로 사랑받는 일러스트레이터. 골목길 7평짜리 작은 작업실에서 만난 고양이 세 마리를 데려와 함께 살며 매일 그림을 그리고 있다. 1년의 많은 날들 중 249번째 날에 태어나 '249days'라는 문구 브랜드를 만들었다. 지은 책으로는 『1일 1그림』, 수채화 컬러링 노트 『One Green Day』, 『Fruits Market』, 『오늘의 좋아하는 것들』 등이 있다.

최고의 선물

초판 1쇄 발행 2025년 11월 11일
초판 4쇄 발행 2025년 12월 24일

지은이 파울로 코엘료
옮긴이 최정수
펴낸이 허정도
편집장 박윤희
책임편집 김정은 **디자인** 김지연
마케팅 신대섭 김수연 배태욱 김하은 이영조 **제작** 조화연

펴낸곳 주식회사 교보문고
등록 제406-2008-000090호(2008년 12월 5일)
주소 경기도 파주시 문발로 249
전화 대표전화 1544-1900 **주문** 02)3156-3665 **팩스** 0502)987-5725
ISBN 979-11-7061-324-4 (03870)

- 책값은 표지에 있습니다.
- 이 책의 내용에 대한 재사용은 저작권자와 교보문고의 서면 동의를 받아야만 가능합니다.
- 잘못된 책은 구입하신 곳에서 바꾸어 드립니다.
- '북다'는 기존 질서에 얽매임 없이 다양하게 변주된 책을 만드는 종합 출판 브랜드입니다.